COMO LAS HOJAS FRÍAS

TOÑO BLÁZQUEZ

COMO LAS HOJAS FRÍAS

Diputación de Salamanca
2024

Ediciones Diputación de Salamanca

Serie Autores Salmantinos, Nº 111

1.ª edición, 2024

© Diputación de Salamanca y Toño Blázquez

© de la imagen de la cubierta: Toño Blázquez

DIPUTACIÓN DE SALAMANCA

e-mail: ediciones@lasalina.es

http://www.lasalina.es/cultura/publicaciones

I.S.B.N.: 978-84-7797-757-5

Depósito Legal: S. 261-2024

Diseño y maquetación: Nacho Navarro

Imprime: Nueva Graficesa. Salamanca

La poesía es una condición ineludible de todas las artes.
Sin poesía no hay arte. ¡Entiéndalo!

Albert Boadella. "Joven, no me cabree".

Este poemario está dedicado
a la memoria del maestro y poeta
Carlos Blanco Sánchez

PRÓLOGO

Toño Blázquez en este poemario se desnuda una vez más ante sus lectores. Es un poemario de sentimientos, de sentimientos producidos por una situación nunca vivida por la sociedad actual.

Quien escribe estos versos es necesariamente una persona con una intensa vida interior, una vida en la que anidan la poesía y la música, dos artes imprescindibles para entender al autor de estos poemas, sin olvidarnos del resto de las artes, pues Toño es un hombre que siente, siente todo lo que vive, siente el árbol que delante del escaparate de su tienda da sombra y nubla sus productos, y no obstante le escribe un poema, porque ama a lo que vive, a todo lo que le rodea, en definitiva ama a la vida. Tal vez de ahí vengan los miedos a perderla o dejarla que pase mientras la contemplamos como simples espectadores. No, Toño no es un espectador, quiere ser, y lo consigue, un actor, pero no un actor de reparto, sino un actor principal, un protagonista de su propia vida. Le gusta exprimir y disfrutar de los valores esenciales del ser humano (de los materiales sólo los necesarios para poder vivir). Toño le canta a todo lo que tenga que ver con la vida y a la vida misma; los ruidosos coches, los impertinentes semáforos, el perro que olisquea las esquinas, el abrigo que nos protege de los rigores del invierno o el papel cuyo destino nada tiene de poético.

Toño hace poesía de los elementos más prosaicos que nos podamos imaginar, escribe sobre ellos y luego, en estrecha comunión con su íntima amiga la guitarra, a la que con sensibilidad propia de un artista le arranca acertados acordes, canta. Canta a lo que él ha cantado, canta a lo que otros cantaron. Son cantos de vida a la vida. Siendo esto así, ¿cómo no habría de cantar a la amistad? uno de los más grandes valores que Toño cultiva en el huerto de su corazón ¡La amistad! que gran palabra y cuantos sentimientos encierra.

En este poemario, el autor se olvida de los objetos prosaicos y dirige una profunda mirada a su interior. Mira hacia dentro y encuentra al amigo que se nos fue, un amigo a quien el maldito cáncer, sí el cáncer, ¿por qué no pronunciarlo? ¿Por qué no escribirlo aunque sea con rabia? ¡El maldito cáncer! se lo llevó para siempre, se llevó a una persona grande en cuyo interior vivía otra más grande y bondadosa. Una persona alegre, amante y conocedora de cuanto habita en la naturaleza; sus aves, sus roedores, sus sonidos, sus silbidos, sus cantos, su forma de volar y como no sus plantas, y entre todas ellas el majestuoso *tilo de Navasfrías* al que encontró un lejano día, cuando paseaba asido de la mano de su padre y le cantó como se le canta a un amigo. Carlos conocía y amaba la Naturaleza, se identificaba plenamente en ella y con ella. A Carlos le gustaba escribir para los niños, escribía cuentos, historias en las que se hacía niño entre los niños. Historias que eran del agrado de los más pequeños y también de los no tan pequeños. Toño conoce muy bien esas obras, pues, en no pocas ocasiones, ha disfrutado con ellas subido en las tablas delante de un exigente público infantil.

Por todo ello y por muchas cosas más, entre ellas la incapacidad de la pluma de este modesto prologuista, es imposible expresar los muchos motivos que Toño ha tenido a la hora de dedicar este poemario a Carlos Blanco. Y no es casualidad que estos versos surgieran en momentos de obligada clausura, momentos difíciles, sobre todo por la incertidumbre. Esa sensación peor que la realidad por muy cruda que esta sea, momentos en que la sociedad toda no sabía hacia donde caminaba, o lo que era peor, qué le esperaba, pues esa incertidumbre nos impedía caminar hacia ninguna parte. Espera larga, que se hace angustiosa cuando no se sabe qué se espera, en la que Toño arrancó estos versos con cierta amargura en los que se cobija una mortecina luz de esperanza.

En la primera parte del poemario, el autor nos habla y describe a ese amigo perdido que vivirá para siempre en nuestros corazones: *Yo tengo un amigo alto e inolvidable.* Toño nos habla de él en presente, nos dice *yo tengo un amigo,* amigo que seguirá vivo para siempre en todos los que le pensamos y recordamos. Toño lo sabe muy bien y le recuerda caminando entre la espesura de los bosques, hablando con los pájaros, identificando a cada animal a cada planta...

El poemario, en su peregrinar, se detiene, diríase que se complace en la melancolía que invade su alma. Son días largos, muy largos, casi infinitos y lo que es peor, no se atisba ninguna luz, se camina sin rumbo, dando bandazos de aquí para allá sin saber adónde vamos.

El viajero está perdido, desorientado,
Como las hojas frías *que la encina amamanta.*

Las palomas que pudieran anunciar el final del pandémico diluvio con una rama de olivo en su pico, vuelan asustadas. El autor se ve sumido en un tenebroso túnel del que apenas vemos unas *claridades abiertas a tímidos vaivenes que se van encogiendo.*

Se adentra el poeta en la mentirosa realidad del tiempo, la tristeza se apodera de él, el rescoldo de la esperanza está a punto de apagarse, las tenues luces pierden su brillo: *No sé de qué forma y modo, pero ya no estaré.*

En el siguiente poema parece que el autor va a recuperar el optimismo perdido, una mueca de humor se asoma a sus versos, nos habla de cosas más cotidianas, incluso de Lita, esa gata de mirada dulce y tontorrona, pero la tragedia va tejiendo sus hilos y al final los aprieta de tal forma que hace imposible la vida a todos los que en sus garras caen.

Tenemos fortuna, a pesar de todo, empieza diciendo Toño en su último poema. Parece que el optimismo va a triunfar, pero el desaliento de esos días de cautiverio que nos impuso la pandemia va haciendo mella y al final triunfa.

Es este un poemario que partiendo de los más profundos adentros del poeta, se adentra en los del lector haciéndole sentir lo que el poeta sintió durante su gestación. Es un poemario fruto de esos días de melancolía, soledad, incertidumbre y miedo, miedo a lo desconocido, miedo a no saber qué nos esperaba. Aquellos días pasaron y de ellos sólo nos queda un trágico recuerdo que tratamos de olvidar. Pero hasta en los momentos más amargos de la vida subyace una luz de esperanza. Es la grandeza del ser humano; caminar firme en los momentos más difíciles, con la mirada puesta en esa luz. Luz que Toño tímidamente nos transmite a través de estas páginas, pero será el lector quien tenga que descubrirla.

Luis Gutiérrez Barrio
Presidente del Ateneo de Salamanca

YO TENGO UN AMIGO ALTO E INOLVIDABLE

I

Yo llamaba a su puerta y él siempre abría,
con los labios respondía, con los labios,
y el pulso despacioso, generoso y limpio.
Siempre abría, siempre abría, siempre.
Era un bosque, Carlos.
Lo llamaba así, Carlos Bosque,
también un río y su vegetación
frondosa podría correrle por las venas.
Y tenía en el pensamiento labradores,
castañas, pajaritas de papel
con algunas gotas de rocío enhiladas
en las comisuras de nieve de las alas.
Y algún secreto escondido entre los berrocales
eternos de la raya fronteriza portuguesa.
También tenía Carlos puñaditos de enebros
y mantas jugosas del sotobosque de la Honfría.
Era un bosque, Carlos. No lo duden. Lo era.
Yo lo juro.
Y esa agua cantarina en la garganta final del boscaje
paría delfines y mariposas y zorros
y troncos de siglos con miel verde en sus trajecitos.
Y raíces como espadas, y lisonjas de colores otoñales.
Y cocodrilos infantes. ¡Eso, cocodrilos infantiles!
Era un bosque −¡caray!−, un bosque grande y poderoso.
Un monte de encinas rubias y quietas
y castaños centenarios y los espinos de acero
y flor de nata, ahí también vivían
imantados a la belleza y a los crótalos del tiempo.
¡Ah!, esa ordinaria pasión humana. Ese pecado.
Por ese Pinajarro antiguo y de nariz judía
Carlos y yo dilucidamos varias veces

el contorno y la combinación más sensual
de la Biología.

II

Alguien llamó Carlos a ese bosque.
Margarit lo dijo —y él es un jefe indio de la poesía—
Fuera de la poesía, el hombre está a la intemperie.
Este asunto, Carlos lo entendió bien,
y lo hizo entender a sus niñas y niños.
Ese abismo placentero de su memoria,
la tintineante llama del pueblo siempre, sus paisanos.
La raíz, siempre la raíz.
Una pértiga insolente y redentora, la raíz.
Una vez soñaste, Carlos que *el agua escribe*
partituras de vida sobre la tierra.
Vasos de luz en un enjambre sincero
de compromisos éticos.
Así era la enorme dentadura de tu cielo.
Así, así, así, de natural presto y humilde río vivaz.
Tunante enamorado del Valle del Jerte,
de su hermosa codicia y su misterio.
Pinajarro soberbio, lúcida armonía
Verde y ancestral.
Valdeamor, Río Ambroz o Hervás.
O tus ojos de alto niño en el barrio judío.
Y toda la sábana de miel blanca
con la flor de los cerezos
en una pleamar de góndola matrimonial.
¡Cerezos en lluvia de nata!
¡Ciruelos en la alcurnia mesetaria!
¡Huertas de espumas vegetales y azúcar!
Toda el agua de tu ser desprendido al abrazo,
a tu abrazo, en brindis…

O el frenazo en seco ante el cuervo viejo,
herido de algún proverbio.
En un estante de la bruma quedarán esas partituras
que soñaste o escribiste para que tus niños y niñas
corrieran a compás,
a través de la inhóspita armonía que depara la vida.
¿Dije también un río?, También, también un río, Carlos.
Como ése que Dámaso Alonso americanizó.
Pero tu río tiene la naturaleza embrazada y besucona
del pálpito oloroso del eucalipto.
Un río de cobre, de limones y ojos azules,
un río donde rumian los cocodrilos cirilos
o las brujas pirujas esconden sus brebajes al sol
amparándose en la letanía quejumbrosa de los grillos.
Una suerte de torrente de lirios es tu atlético pisar
y tu alta graduación como persona,
tiene que estar –por fuerza– acristalada,
libre de gestos y aspavientos.
En el abismo estoy al escribirte.
Como el poeta dijo: *a la intemperie.*

III

Yo sé que tú te reirás
pero voy a cartografiar tu aire.
Y vas a ver el asombroso parecido
con la sutil genialidad del *avión*,
ese pájaro que llueve de energía,
inerme al desaliento.
Por ejemplo, según vienes, se te ve.
Pudiera decirse que espigaste tus criterios
en el boscaje de una nieve virgen.
Y, entonces, tu pulso empezó a tañer versos.

Y versos y versos
y niños y niños
en cuentos de pipas y regaliz.
Y pócimas de madreselvas
con moras de nata...
en un carnaval de tartanas
donde la reina era:
¡tachan, tachan!: ¡María mandiles!
Y, a la zaga, una lluvia de coleópteros sonrosados,
y en medio, una reflexión tumbada en la majada,
con el tomillo primaveral inhiesto
y la lavanda construyendo el perfume de la atardecida.
Esas nubes que asemejan elefantes dormidos...
¿Dónde se detendrá su vida?
¿De qué hombre, mujer, animal o cosa tomará su próxima forma?
Es el maravilloso misterio
de las formas caprichosas de las nubes.
Su ciclo vital se parece al nuestro,
sólo cambia la economía.

IV

Ni acantilados, ni confines, ni mutilaciones,
ni cornisas, ni ventiscas, ni citas amorosas,
ni destellos asesinos en alguna pupila,
ni suicidios, ni unidades de peso y medida,
ni perros, ni dentistas insensatos,
ni gente que engaña a gente,
ni abanicos para dejar de respirar.
Ni besos escondidos, ni hijos, ni drogas.
Ni hembras, ni machos, ni ventanas,
tampoco ventanas, para no abrir nada,
para no rendir cuentas...

Ya digo, el rumbo de formas de las nubes
se parece al nuestro.
Sólo le diferencia eso: la economía.
Las siluetas mágicas de las nubes
que invaden nuestra imaginación
saben de sobra
que lo que dura –nuestra vida–
sólo lleva la ventaja del tiempo.
Por eso ellas, las nubes, sólo adoran a René Lavand.
Por eso nos agarran la entraña:
porque son breves.

LOS CAMBIOS HIEREN, MATAN Y CREAN

I

Ya no es posible pensar en pensar
como pensábamos antes.
No ha lugar.
Hay fórmulas de vida, prioridades
y rutinas que ya no valen,
Carecen de sincronía con el abismo de antes.
Éste es otro. Abismo, digo.
La soledad, el desamparo y la intemperie
(¿recuerdan?, la intemperie...)
es su único sustento.
Son como la pobre hormiga
enredada en la tela invisible de la araña.
Parece sobrevivir, pero la mucosidad de la red
la condena desesperadamente.

II

Y ahora está lloviendo.
De alguna manera, el carácter de la soledad
es más inhiesto y sorprendente.
Queda bendecida la supremacía del miedo,
y la tragedia de la mudez en el deseo –emocional–
aventa en las parvas y las colinas del alma
la fuerza embriagadora del abrazo.
El viajero está perdido, desorientado,
como las hojas frías que la encina amamanta.
Así tenemos hoy los ropajes, así tiritamos.
Quizá, quizá, sea la fórmula misteriosa y sobrenatural
de explicarnos la congruencia del tiempo.

Y su punto final.
Y de esta forma podremos reverenciarnos a sus pies.
Rendirle pleitesía.
Porque se acabará en un latigazo del destino
y su eco enhebrará otro eco, y otro, y otro...
hasta formar un arbóreo crucigrama
de encontradas, variopintas, y múltiples soledades.
Porque –díganme si no– la soledad sola
es cuna y mortaja de la condición humana.
Nada volverá a estar en su sitio.
Ni el toldo de los geranios de la abuelita del cuarto,
ni la blusa de María José
por la enfermedad engullida.
Tampoco la trapa del bar de Juan
tendrá chirrido de alegría cada mañana.
¿Y Carmen, la buena de Carmen,
con su kiosko, donde pareciera
que nacen niños a todas horas?
¿Qué va a ser de ella, dónde irá su sombra
y su frescura?
Hasta un ventarrón tiró las grandes antenas
del tejado de enfrente de mi casa,
dejando sin hogar a miles de estorninos.
De repente, esa invisible espada
de sangre y muerte repetida.
Yo quiero pensar –aun así–
que habrá flores esta primavera.
Porque si no, yo las fabrico para que rodeen mi tumba.
¿La primavera?, he dicho ¿la primavera?
¡Cierto, lo he dicho!
Si un poeta no habla en algún segundo de su vida
de la primavera, tiene la dignidad perdida.
Vendrá, vendrá silenciosa y taimada,
como el vuelo suavito del búho real.
Vendrá.

Y sólo ella tendrá credencial
y documento oficial de regreso
porque nada volverá a estar en su sitio.
Como las hojas frías, en su interior
anida el fuego rotundo y hambriento del porvenir.

III

La naturaleza de las cosas tiene mucho que ver
con la espiga de trigo. La belleza, el músculo esponjoso,
el condimento de oro que la enaltece,
y el pan que le da un punto de nobleza y transgresión.
Todo cuanto alcanza la vista es bello de por sí.
Ya lo percibió Rousseau: *somos buenos por naturaleza.*
Es el entorno posterior a la nacencia
lo que nos hace sospechosos, ineptos o asesinos.
Y el buril de la naturaleza
tiene tanto poder
que ahonda en la deglución de una cigüeña.
O en un león, asesinando a sus crías,
O en el musgo invernizo que nace ilusionado
en las faldas de un encinar.

INSINUACIONES

Uno va por la vida dejando un reguero de insinuaciones.
Y de eso come: de las insinuaciones.
Insinúa que trabaja, que arropa a los niños.
Insinúa que ama el fútbol,
que las estaciones cambian
y que él se cambia de ropa para confundirlas.
El macho se insinúa a la hembra.
El mundo empezó así: con las insinuaciones.
Lo de la creación del Génesis es muy discutible.
Y, en cualquier caso, asunto harto resbaladizo.
Fue la insinuación la madre del cordero: la insinuación.
Créanme, es la forma más realista de explicar el mundo.
La violencia es un esqueje de la insinuación.
¡Macháquese ese esqueje!
Y es el zumo que corre por nuestras venas.

AQUELLAS PALOMAS QUE VOLABAN

A ambos lados del pasillo las manos vuelan
como palomas asustadas.
A un ritmo caliente y blanco.
Voy contrito por el túnel, absorto,
entre sutiles sensaciones, hacia un infinito
de claridades abiertas y tímidos vaivenes
que se van encogiendo –poco a poco–
a través de sonoridades multicolores.
Miro a ambos lados del pasillo
mientras el émbolo de mi consciencia
se apoya en sorprendentes nubes
que no consigo descifrar.

De hito en hito, paseo la vista por mis piernas.
Intento adivinarlas porque apenas las siento
ahí, dobladas, como dormidos juncos deshabitados.
Todo pareciera una fiesta a ambos lados.
La permanencia de las cosas,
las llamas fluorescentes del techo,
las máscaras por debajo de los ojos encendidos.
Los números de las habitaciones,
que ahora parecen pétalos dulces
y no negros manchones en fila...
Y la gente a ambos lados, que grita
y parece contorsionarse
a la par que me lanza agobios de risas
y dentaduras locas.
Y las palomas siguen volando como asustadas.

EL TIEMPO ES UNA MENTIROSA REALIDAD

Envuelto en el tiempo admiro la fisonomía de las cosas.
Embebo las hermosas cintas de los amaneceres
y asumo que, pronto, ya no estaré.
No sé de qué forma y modo, pero ya no estaré.
El poeta siempre es consciente de la fugacidad del tiempo.
Por eso, quizá, muta, se desdice
y entra en una reposada coyuntura laxa de tristeza.
Cuando deja de fluir la edad de la fuerza,
y deviene el remanso sensorial de la memoria,
entonces cedes al pulso.
No hay marcha atrás.
Incluso mirar las flores, duele.
Mansamente, pero duele.

ME ECHAN DE MI CASA
(O ESO CREEN)

I

¡Te quedarás ahí, Fermina! ¡Te quedarás ahí, Fermina!
Era un pulmón ancho de grito descuajado,
pero ensordecedor, ensordecedor, como bíblico, no sé.
Yo estaba en la cocina, los huevos, la sartén
desprendía estrellitas y Lita, mi gata, vieja ella ya,
me miraba, me miraba,
con esa dulzura, entre tontorrona y amorosa...
Es que los gatos tienen esa mirada de pispa.
Sus ojos te miran como si en su punto central
tuvieran una sortija incandescente
ante la que fuera imposible dar la espalda.
Intimidan porque –al final– sólo eres una presa.
Así eran los ojos de Lita
hace tiempo, mucho tiempo, es cierto.
Ella, como yo ahora, tiene su cuerpo abatido
por el cansancio de los días.
Yo me la como con una sonrisa,
que es un abracito retozón y espontáneo.
Los chicos se han ido yendo de casa.
Ella los conoció a los tres.
Emilio, mi hombre, murió hace ya once años.
Sola ya, sólo murmuro.
¡Y esta casa, sabe tantas cosas esta casa!
Comuniones, bodas...
Y mi difunto Emilio tocando la guitarra en los bautizos.
No los veo casi. A los nietos, digo. Viven muy lejos.
Y yo, viajar, ya poco.
El asma, la artrosis. Me veo morir cuando ando mucho.
Y ahora, la carta, ¡esa carta, ésa, ésa!
¡Ahí la tienen, ahí, véanla; encima de esa mesita está!
¡Sí, sí, esa, ande, cójala y lea, lea!

Es del Ayuntamiento, que me vaya de la casa, dice,
que la casa no es mía,
que tengo que dejarla en dos semanas.
¡A la calle, me echan a la calle!
¡Me quitan mi casa!
Y yo, ¿adónde voy a ir? Es mi piel mi casa.
Mi corazón late con ella, toda mi familia también.
La que vivió, la que bruñó la piel.
El surco de la sangre de la regla de mi nieta Inés.
Los globitos rotos en el parque,
esos que sujetaban aquel hilo…
Pedrito no quería tirarlos
porque decía que los globitos lloraban de pena
cuando estallaban.
Había que cuidarlos, acunarlos, acariciarlos.
Y ahí estaban, en un cajón,
después de los años, ¡madre mía!
Ronchas no le faltan a la casa,
de cuando Emilio venía bravo y le atizaba a los cuadros.
Ya saben, por lo del vino.
Y las fotos de mis padres,
que parecen esculpidos de tan peripuestos.

II

Tiene la alegría mi casa, esa alegría
que todos conocemos y, luego, la otra,
la que se parece más a la felicidad
de vivir con gente que amas…
La casa tiene también mucha pesadumbre,
y goteo de lágrimas, y charquitos de pura rabia.
Porque una casa, cuando cruje de enseres, juicios y caracteres
suele *cargarla el diablo*, que decía mi abuelo.

Dice el alguacil que tengo que irme de mi casa,
cuarenta y dos años de casa.
En dos semanas: desahucio. Dice la carta.
Chisporrotea el aceite en la sartén
y Lita salta al suelo asustada.
Limpio mis manos en el mandil.
Me da sueño. Una silla.
Me atropella, de golpe, una tristeza infinita.
Soplo el fuego de la sartén,
calla el crepitar del aceite.
Dejo que corra el gas
y abandono la cabeza entre las piernas.
Derramo los brazos y sueño que abrazo mi casa
y el dragón que quiere destruirla
aúlla desesperadamente hasta morir
por la sangre urgente de una daga oportuna.
Pero la casa no me suelta
y entonces el abrazo es un abismo
que oculta la memoria.

LA INFANTIL IDEA
DEL PORVENIR

I

Mi padre tenía una cabriola
de fuerza en la mente,
y los brazos de cincha montañosa
que ceñía los inviernos más rudos.
Su vida fue el trabajo y los pulmones
a toda máquina;
Una inquietante desmesura laboral era.
Los vaticinios de su vida
fueron haciéndose –día a día– sólidas
mesitas de noche,
bien ancladas en el dormitorio de su rutina.
Mi madre era febril, guapa y mañosa.
Y obediente y (es una forma poética de mirarlo),
ilusionista de la economía.
Todos los mediodías parecían botarse
un barco nuevo en mi casa,
pero el juego de manos de mi madre
era impresionante: comíamos cocido,
patatas, lentejas o menestra de verduras…
Y no te enterabas del cambiazo.
Mi madre hacía magia de cerca
un día sí, y otro también.
Yo era un niño y –claro– había que pensar
en el porvenir.

II

El porvenir siempre es un elemento
de juicio elástico y divagador,

una forma de demagogia estandarizada hoy.
Pero cuando mi padre tenía cuarenta años
el porvenir era una ley de catecismo.
En aquel entonces, el futuro
empezaba en el jardín de infancia: en la calle,
jugando a las bolas de hierro y de cristal,
haciendo surcos en la tierra con las manos,
o corriendo detrás de la pitera con el aro.
Entonces sí que el porvenir se respiraba,
se olía, se apañaba con la maroma bien tensa.
La suposición es que ese asunto parecía
estar siempre encarrilado entonces.
El porvenir presumía de que no era porvenir,
actuaba –más o menos– como si tuviera trazas de carnaval.
Yo lo quiero enmascarar, pero en realidad
era listo, cumplía con entusiasmo su labor,
y dejaba a la gente juntar años y años,
y que esos años se decoraran con cositas…
Unas buenas, otras malas (que tiene que haber de todo).
Pero cumplía.
Y el mundo seguía impertérrito y dicharachero.
Pero puede que esas vías ferroviarias
por las que rodaba feliz el porvenir
no fueran más que un encantamiento.
Sí, como los que hacía mi madre
con la economía, ¿se acuerdan?
¿Es posible que hubiera fortuna para muchos,
pero para otros no?
¿Y que todas estas veleidades pastoriles
que he escrito antes fueran eso mismo?
Que hoy también hay provenir.
Lo hay, lo hay.
El problema es que no se sabe por dónde viene.
¿Usted lo sabe?

III

Mi conclusión es que el porvenir
sigue teniendo vestiditos infantiles.
Porque –finalmente– el porvenir es impredecible,
aunque se trabaje duro para hacerlo predecible.
Desde la blanca mirada de un niño,
hasta la lóbrega melancolía de un anciano,
se tiende un puente
de tristes añoranzas,
de pasiones y represalias,
de caricias precisas,
de besos inhabilitados,
de divorcios y emigrantes,
de ilusiones que se fueron
y de fuegos sin llama.
De dinero infeliz y del otro,
de emociones perdidas,
de fracasos solventados,
de odios mal entendidos
y de amores prestados.
De hijos que vuelven y devuelven
y de otros que se van y ya.
Hay tantas cosas fútiles y valiosas, tantas…
de la nacencia al óbito,
que no tendría suficientes versos
para explicarlas.
A pesar de toda esa soledad inesperada,
pegada como una lapa a la muerte hoy,
yo reclamo un porvenir pueril,
ese que no existe, del que no se sabe nada,
del que todo el mundo hablaba
cuando yo pegaba unas bolas con otras.
Ese porvenir que, hoy, cabalga a risotadas
sobre la escoba de una bruja.

LAS CLAVES DEL PARAÍSO

I

Tenemos fortuna, a pesar de todo,
tenemos fortuna, una extraña
fortuna entre las manos, cobijada
entre los botones del abrigo que nos defiende
y nos aísla del frío feroz que destroza
el paisaje ahí fuera.
Tenemos fortuna.
La riqueza del pensamiento generoso,
la riqueza del arte, de la música,
la riqueza de la naturaleza, sabia y acogedora,
la riqueza de sus peligros y su devastación.
la riqueza de adivinar sus riesgos y proezas.
Tenemos el don de la solidaridad milagrosa,
el abolengo ancestral
de la feminidad y la masculinidad.
Tenemos el deseo de apartar la maldad
y una silla para sentarnos y contemplar.
También tenemos formulas aplicables,
fórmulas de desagobio, de natural positivo
Y tenemos el potro de vida enhebrado a su calostro.
Y las torrenteras libres y gigantes,
y las parras, las uvas y el vino.
Tenemos la guitarra, el beso y la condena,
y tenemos la libertad de elegir.
Y un candil de ansias
para atisbar la salida del túnel,
aquel puntito de luz en la lejanía...

II

No, no son las claves del paraíso,
pero tengo en las manos
las arrugas del viento sordo y castigador,
y sé –por experiencia–
que hay claves sujetas a un desafío
interior que nos alimenta o nos denigra.
Esas claves tienen máscaras
y cambian constantemente de aspecto.
Como magos nipones inventando
caras nuevas en segundos.
Las claves del paraíso están
en el acomodo de lo recto
y en la aventura de las circunvalaciones.
No son de este mundo
porque las herramientas que las cincelan
tienen origen onírico; duermen
en el entramado de la parte de nuestro cerebro
que acoge la facultad de crear
y desecha la que trabaja
en la arquitectura del olvido.
Así se crean las claves
de un paraíso inocente que sostiene a duras penas
las alforjas de basura que esparcimos,
formando un elenco azucarado de detritus.

III

Pero seguimos teniendo fortuna,
amamantando placeres breves,
aún a costa de aquel porvenir virginal.
Tenemos las claves del paraíso,

el emblema, el espíritu y la capacidad
de revertir los acontecimientos
que visten nuestra historia.
Aquellos que la hacen innoble,
despreciable, canalla y miserable.
Tenemos las claves del paraíso.
Laborar su huella, izar su bandera
y proteger su guarida.
Porque en su habitación privada
están los amaneceres más bellos.
Pero siempre se encuentra sola,
ante el antojo y capricho
de la dimensión de los sueños,
ante el peligro de inconsciencias infantiles.
Tras esas claves indómitas, pero débiles,
van los signos, las religiones y las venganzas.
Que las encuentren para aniquilarlas
es sólo astucia o indolencia nuestra.

ÍNDICE